JN439727

솔숲에 핀 노을

설악산 울산바위

금강소나무 숲(울진)

태백산 朱木

외설악 단풍

금강송 노거수(울진. 소광리)

솔숲에 핀 노을

沈 敦 燮 第5詩集

동행

自序

인류의 가장 고귀한 긍지가 언어라면 모든 문화가 이성의 표출인 언어의 산물인 것처럼, 문학은 민족의 여러 학문과 예술의 모체가 되기 때문에 민족의 으뜸가는 재산이라 할 것이다. 또한 시인이란 누구보다도 모국어의 속살을 사랑하고 그에 예민하게 반응하는 사람이라 생각한다.

그러함에 문학적 재능이나 소질이 없으면 아무리 욕심을 앞세워도 하지 못하는 것이 문학이라고 말하고 싶다. 또한 시는 무슨 독특한 지식이나 학문을 위한 어떤 대상이 아닌 체험의 대상임을 감지해 본 적이 있었다.

어떤 작가가 말하기를, 시인을 한마디로 말하자면 언어로 말할 수 없는 것을 언어로 말하다 떠나는 사람들이라고 언급하기도 한다.

저자도 문인의 대열에 함께하면서 창작활동에 주저 없이 참여, 열심히 노력하면서도 한편 시를 쓴다는 것은 자신의 삶을 지탱해 준 한 세월에 체험했던 일들을 토대로 온갖 사물에 얽힌 잡다한 일들과 그로 인해 새로운 창작의 깨달음을 감지하면서 다시 한번 반성과 성찰을 갖게 되었다. 그러하기에 그동안 혼신의 힘을 기울여 썼던 작품들이 자랑스럽다고 할 수는 없으나 내 인생길 그 길섶에서 다섯 번째 시집으로 선보인다.

여기 시집 「솔숲에 핀 노을」의 작품들이 졸작이라 하더라도 최선을 다한 것임을 밝히면서 독자 여러분께 그간의 많은 성원에 보답하고자 하는 바, 문학 이전에 한 인간임을 너그럽게 이해하고 지속적인 성원을 바라 마지않는다. 끝으로, 이 시집의 편집을 도와 주신 도서출판 동행의 편집진에 고마운 말씀 드린다.

辛卯年 立秋

松谷 **沈 敦 燮**

1부 자연의 정취

Contents

2부 숲 속에 살고파라

Contents

3부 꽃에 매료되다

4부 사회생활 속으로

Contents

5부 불효의 뉘우침

Contents

6부 삶의 보금자리로

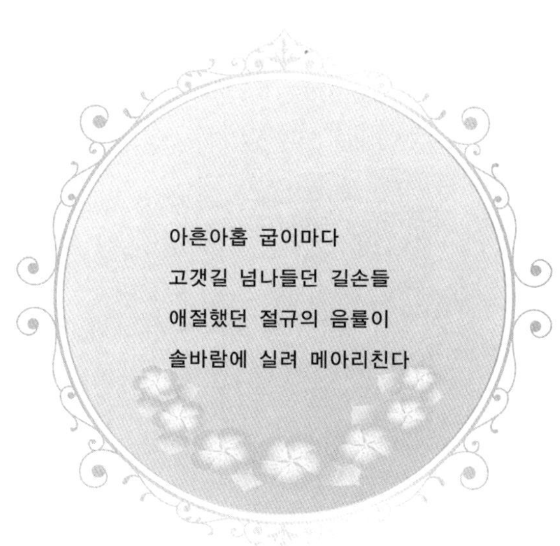
아흔아홉 굽이마다
고갯길 넘나들던 길손들
애절했던 절규의 음률이
솔바람에 실려 메아리친다

1부
자연의 정취

자연의 정취

청정한 산을 불러모아
겹겹으로 이어 놓고
줄기마다 숨겨진 절경
헤아릴 수 없구나

사계절 따라 절묘한 매무새
다양하게 변모하는 신비로움이
생명의 혼을 부른다

자연 특유의 상징
순결하게 얽힌 매듭 속에
다투어 내보이는 오묘함
자연의 진면목이다

산이 품은 수많은 영혼들
솔바람 타고 다가오는 화신 앞에
꽃잎들이 살랑이며 하늘댄다

배 채우기를 경쟁하는 식솔들

끊임없는 탈바꿈으로
요동치는 생명체, 그리고
목쉬게 밤새 울어대는 애창곡
이 모든 정취가 자연 섭리 따라
생명의 숨 고르는 소리여라.

말없는 산

산은 숲을 지붕으로 삼고
숲은 높낮음 없는
평범하고 희망찬
먼 훗날 삶의 터전이다

산은 묵묵히 앉아
꽃과 잎들이 피고 진
흔적들을 보살피고
자급자족에 허기진
배 채우기를 돕는다

심산유곡 적요한 곳
날짐승 날아들어
밤새우기 울음으로
정적을 흔들고

주름 접힌 골짝마다
아침 햇살 고루 비치니
산을 좋아하는 외로운 자

따뜻하게 보듬는다

깊은 숨결 버티는 산
짙푸른 유혹 마시면서
나부끼는 안개 속에
천년의 신비가 오묘하게 솟는다

신록의 대관령

신록이 울창한 숲
청정한 속살에 녹너울 걸치고
쪽빛 하늘 보려고 앙탈한다

創世의 모습 누리며
매서운 北風寒雪에도 버티는
금강송 숲에 녹타래 일렁이고

아흔아홉 굽이마다
고갯길 넘나들던 길손들
애절했던 절규의 음률이
솔바람에 실려 메아리친다

겨레의 정맥인 백두대간을
문명의 웅장한 장비로
줄기줄기 터널을 뚫었으니
산자수려한 자연도
산업부흥에는 어쩔 수 없구려

오늘도 이곳 고갯길
괴나리봇짐 걸머진
길손은 사라지고
오색창연하게 너울 걸친
등산객만이 들끓는구나

남설악의 雲海

한계령 정상에서 바라본
동해 수평선이 한눈에 들어오는
남설악의 眞面貌

기암괴석 사이로 몰려오는
雲霧의 어울림에
펼쳐진 광활한 雲海 사이로
영롱한 환상이 아련히 나타난다

운해 위로 다투어 내민
기암의 괴이한 모습들
암벽 사이 청청노송의 버팀
이 모든 동영상물들
천상의 仙界와 같으니

남설악의 운해에 뜬
절묘한 萬象의 오묘함은
가히 경이로운
幻想의 신비여라

물안개 낀 영랑호

지난밤 보슬비 내린
이른 아침에
물안개 자욱한
호숫가에 다가간다

물안개 사이로 아련히 나타난
괴이한 울산바위의 비경
환상의 선계인 듯
오묘한 情景이어라

호수와 탁 트인 바다
물안개 가리어 어우러진
별천지 같은 공간
청정한 세계를 방불케 한다

파문 없는 잔잔한 호면
雲霞로 가린 시야
사방을 분별할 수 없음이니
천상의 선계가 아니던가

無等山에서

無有等等한 존재인 부처님
만인의 평등을
거룩하게 일컬어 온
無等한 산이어라

무지개 자줏빛을 뿜는
검은 무등돌
여인의 살찐 가슴 같은
정수리에 거대한 선돌 숲
꽂꽂이하듯 꽂아 놓은 입석암

오월의 이파리들이
햇살에 뒤척일 때
진달래에 이어
화염처럼 번져가는 철쭉
무등의 장관이어라

신록이 우거진 청신한 얼굴
미풍에 파르르 떠는 연두색 이파리

비단치마 두른 가을볕
흰 잠옷 차림의 겨울
계절 따라 시시각각 변모하는 그대

광대무변한 우주의 시간보다
강렬하게 버텨 온 무등 돌
영겁의 세월에 걸쳐
무등산을 지켜 왔다

민둥산의 억새

민둥산 정상 넓게 펼쳐진
억새밭 사이로
형형색색 옷단장한 등산객 무리들

서늘한 가을바람에
깃털 같은 억새의 흔들림
한들한들 나부낀다

드높은 가을 태양 아래
솜털 같은 뭉게구름 두둥실
금빛 은빛으로 반짝이는
백조처럼 우아한 기풍이 서렸다

바람 따라 움직이는
억새 속에 묻혀
날짐승 깃털 속에
포근히 안긴 영상물 같아라

깊어가는 가을 삶에 지쳐

어디론가 훨훨 떠나고픈
충동이 일 때
산 정상에 올라 다양하게 솟은
지평선을 바라보라

'第一江陵'의 魂

관동팔경인 경포대에
'第一江山'의 유혼이 깃든
예향의 古都에 우뚝 선 江陵

환동해 중심도시 '第一江陵'
동해의 일출 대관령의 낙조
산과 호수 그리고 바다의 어울림
꿈과 낭만이 깃든 고장이다

다양한 비경을 간직하였기에
시인 묵객이 吟風弄月하던
음률이 아직도 아련히 들려오는
문향의 도시여라

수평선 너머 무변의 창해
생동감 넘치는 청파의 일렁임
청정한 공기, 맑은 물
우거진 금강소나무 숲이
'第一江陵'을 드높인다.

東海 日出

수평선 위
하얀 뭉게구름 사이로
생명의 빛 광명의 빛이
아름답게 솟아오른다

온 누리 겹겹이 고루 비추니
어떤 소망도 기도도
아니할 수 없고
일순간 환호성이 터진다

서쪽 능선 너머에선
아무 일 없다는 듯
뭉게구름만 몽실몽실 피어나고

지금 이 순간을
다시는 못 볼 것 같아
더 여한이 없을 만큼
행복을 만끽하니
이토록 아름다운 해 오름을
또다시 볼 수 없을 것 같네요

옛 고갯길

―대관령 문경새재 박달재를 넘으면서

지난 옛날 선조님들이
괴나리봇짐 메고
넘나들던 한많은
옛 고갯길

속도지상주의에 빼앗긴 인간길이
옛 고갯길 밑으로 터널 뚫렸으니
고갯길 넘는 일 없어진다

옛 고갯길은
전설적 이야기가
풍부하게 저장되어 있는
기억문화 유산이 깃든 곳

단순한 고개가 아닌
두 개의 문화가 교차하는
역동적 경계이다

흙이여

우주를 품고 있는
널따란 품
지극히 넓으면서도 부드러워
실바람에도 부서져 내리네

세찬 비바람에도 이슬방울에도
구멍이 뚫리고
썩은 것들을 품어서
발효시키는 인내와 강인함이여

살아 움직이는 모든 것들
수없는 흔적들
말없이 받아들이는
포용력을 갖춘 母胎여라

호수와 강, 나무들과 짐승들
내가 서 있는 발 아래도
말없이 떠받히고 버티는 大地

황혼이 물들어 가는 가을

가던 길 잠시 멈추고 뒤돌아보지만
지나온 길 다 잃어버렸듯이
갈 길도 알 수 없구나

낡은 추억 열면
반듯한 추억거리 떠오르지 않고
생각한들 허무와 비애에다
아쉬움으로 가득한 후회일 뿐

붙잡고 싶었던 사랑의 순간
더 사랑하고 싶었던 욕망의 시간도
황혼이 물들어 가는 가을 앞에 서면
모두 놓치고 싶지 않은 추억인데

그래, 이제는
어디로 흘러갈 것인가
미련도 그리움으로 간직하고
황혼을 맞는 가을
오늘이 있어 내일이
아름다우리라 믿고 싶구나.

봄꿈을 꾸고 싶다

입춘이 지났어도
떠나는 겨울의 슬픔을
시샘하는 꽃샘바람이
세차기도 하다

겨울과 봄 틈바구니에 끼여
겨울을 헤치고 밀려오는
봄 향기 느끼면서
봄꿈을 꾸고 있을 즈음

봄바람이 귀밑을 스치고
하늘에는 훈풍이 불어
세포들이 일어나
겨울잠을 깨운다

겨울을 밀치고 고개 든 나물 향
구미에 당겨 음미하니
그윽한 향기에 취해
봄꿈을 꾸고 싶다

씨앗에서 운명을

삶 속에서 생성되는
운명의 씨앗
나쁜 씨앗 제공해 주면
과감히 거절할 줄 알아야 한다

씨앗은 하나의 의지이며
정신이니 확실할 때
그대 것으로 선택함이니

인간이 살아가면서
지녀야 할 씨앗들
말의 씨앗, 마음의 씨앗, 행동의 씨앗
이런 것들이 인간 생애를 좌우한다

우주 창조자는 그대의 존재를
오로지 그대 자신의 몫이며
그대가 책임질 뿐이라 말했거늘

운명은 인간을 행복하게도

불행하게도 만들지 않고
그 재료와 씨앗을
제공해 줄 뿐이다

가을 연가

높아진 가을 하늘
짧아진 태양이
가을 속으로 타들어 간다

뭉게구름 드높은 푸르름에
풍요로운 가을 풍경
유난히도 풍성해 보이는 들녘
내 가슴도 한껏 넉넉해진다

보고픔이 듬뿍 담긴 이 가을
그대에게 보여 드린다면
그 청아한 두 눈은 감격해
이슬 같은 눈물을 흘릴 거야

귀뚜라미 소리에도
가슴 설레는 사랑 넘치는 그대에게
가을을 보여 주기 전에
얄미운 겨울이 내 임보다 먼저 와
내 등을 두드릴 것만 같네요

여명이 걷힐 때

칠흑 같은 여명을 밀치고
동해 수평선을 밝히며
솟아오르는 불덩이
우주 공간의 구석진 곳까지
골고루 새 생명을 불어넣는다

여명 속에 잠겼던 사연
그대 정기를 받는 순간
새 삶의 희망으로 다가가니

지난 삶의 시련들일랑
그 빛에 불태워 버리고
무소불위한 삶으로 다가가기를….

비가 오면

비가 오고 지나감은
몸을 쓰는 일에 제약을 받고
外的 활동이 제한되고
뜻밖에 나른한 권태감으로
쉬게 한다

비가 오면
초본식물들은 쑥쑥 자라고
자란 버섯은 포자를 터뜨리고
달팽이는 사랑을 나눈다

한때 해 나는 날 있으면
비 오는 날도 있고
비가 몰려와
발랄한 몸짓을 멈추게 하는
靜逸한 때도 있다

비가 오면
나란히 우산 받쳐

해변을 거닐면서
미래의 희망을 꿈꿔 본다

현호색의 자태

봄날 산 끝자락
야트막한 골짜기에
양귀비라 부르는
미모를 지닌 여러해살이꽃

촉촉한 우윳빛 꽃살이
이른 봄 설레는 마음을
훈훈하게 데워 준다

연한 자주, 분홍, 연보라색
섹시하게 단장한 꽃
자기네들끼리 뽐내다
십일장 보고 가 버린다

부리나케 왔다가
꽃 피고 지고 하는
부지런한 꽃
게름뱅이 볼까 봐
총총걸음으로 사라진다

가까이 다가가도
아름다운 자태로 한껏
뽐내기만 하는
새를 닮은 야생화여라.

가슴 찢어지는 대금 소리

달 밝은 밤
은하의 별들은 춤추며
시냇가 잔디밭엔
이슬 촉촉이 내리는데

어디선가 대금 소리
은은히 들려오니
지난날 불효의 아쉬움이
불효자 가슴에 사무치며

젊은 날 가정 돌봄 없이
산천에만 헤집었거늘
고희를 지나 회고하니
눈가엔 이슬만 맺힌다

저승서 뵈올 부모님께
이승에서 불효한 것들
엎드려 통곡한들
부질없는 회한뿐

북망산을 향해
호곡하는 불효자
가슴 찢어지는 공허감만
정수리로 내리는구려

대자연의 산림 속을
헤집고 다니던 산지킴이가
이제는 詩木을 심는다

2부
숲 속에 살고파라

숲 속에 살고파라

헤아릴 수 없는 인생살이
자연의 모태에 묻혀
온갖 시련을 겪으면서
인생의 뒤안길을 돌아본다

자연이 품은 숲 속에는
자연과 소통하는
천금의 침묵이 흐르지만
삼라만상의 나름대로 외침 소리가
요요한 정적을 깨뜨리고

오색영롱한 신비의 세계
세월이 오가는 길목에는
천태만상의 사물이 버틴
산야, 숲, 동물의
삼위일체가 이룬 곳이어라

가식 없이 유아독존하는
낙락장송의 나무들이 어우러진

신비스런 환상의 숲 속에
유구히 살고파라

솔향 뿜는 둥지

대관령 정상에서
동해를 굽어보는 수평선
청파가 일렁이고
접힌 주름마다
울창한 숲으로 둘러쳐 있네

낙락장송 우거진 숲 속은
쪽빛 하늘만 보이고
솔향 가득한 곳에는
온갖 숨소리만 아련히 들린다

은빛 거울을 펼친 경포호
철새가 유영하는 물결에
잔잔하던 호면에 파문이 일렁인다

백두대간 누빈 줄기마다
솔향이 가득하니
희로애락을 겪었던 곳에
사랑이 솟는 둥지를 틀고 싶다

나 이제, 대대손손 이어 갈
모정의 보금자리를
유구히 지키고 싶어라

녹음 속의 어울림

현란한 연녹색 일렁임
다가온 화신이
온 누리에 새 생명 부른다

화신의 발자국 소리에
다투어 내미는
꽃잎눈들의 앙증스런 매무새
터뜨리는 소리 요란하다

오색영롱한 꽃송이들
너울 걸치고 살랑대는 자태로
벌, 나비 유혹한다

현란한 녹음 속 어울림에
요염한 교접
우아한 날갯짓에
희열이 솟는다.

나를 부르는 소리

뫼 위로 떠오르는 태양
뫼 골짝 헤집노라면
풀잎마다 은방울 주렁주렁
오솔길 풀섶을 적시네

뫼 골짝은 짙은 물안개로
시야를 가렸고
어디선가 아련히 들려오는 소리
귓전을 울린다

자연 속에 묻혔던 세월 동안
그 속에 자란 다양한 나무들
울창한 숲으로 뒤엉켜
솔바람에 하늘거린다

바위에 부딪치는
물여울 소리
숲 속 음률과 하모니되어
나를 부르는 소리 진동한다

산사나이의 추억

산은 언제나 한 곳에 머물면서
숲 속의 온갖 생명체를
끊임없이 보듬고 품어 준다

숲을 감싼 물여울은
굽이굽이 감돌아
폭포수의 물안개로 번져
신비로운 환상을 그리고

녹엽으로 폭염을 가리며
온 산야를 헤집는 산사나이
울창한 숲과 숨바꼭질을 하다

만산홍엽이 휘날리면
산사나이의 추억을
일엽편주에 실어
무한의 세계로 띄운다

산지킴이가 詩木을 심다

대자연의 산림 속을
헤집고 다니던 산지킴이가
이제는 詩木을 심는다

광활한 우주 공간에
어설픈 詩木 한 그루 심고는
끈질긴 인내로 주야장창
보듬고 다듬으니
새 움이 돋아나는구나

메마른 대지에 심었건만
忍苦의 나날에도 아랑곳없이
서서히 뿌리내려
성숙한 모습으로 이어 간다

지난날 황무지에 심은
詩木을 가꾸기 위해
世風의 시달림에도 버티었으니
우거진 詩林 속으로 헛된 꿈이 아닌
보람의 희열을 안고 걸어가리라

금강소나무

백두대간 줄기 따라 울창한 숲
겨레가 선호하는 우리 소나무
민족사와 전통이 공존하는
금강소나무가 지킨다

한민족의 상징인 우리 소나무
수많은 문화를 간직한 그대
겨레의 가슴속에 유구히 남아 있는
금강소나무에 얽힌 사연들

구중궁궐 속에 갇혀
한많은 비화를 간직한 채
반만년 내려온 그대
오늘도 지난날 역사 속을
더듬어 보련다

곧은 절개와 장수를 말해 주듯
松竹之節이요 松喬之壽라 했음이니
가히 神異潭까지 품고 있다네

오감의 감성이 특유한 솔향기
온 누리에 휘날리며
사계 獨也靑靑 버티는 위상
불굴의 歲寒三友여라

화신이 다가오는 소리

백설이 덮인 얼음장 밀치고
사뿐사뿐 다가오는
화신의 발자국 소리

설원 속 틈바구니 사이로
엘레지 복수초의 꽃망울 터뜨리니
온 누리에 짙은 향기 풍긴다

눈 녹은 산야에 봄기운 뜨니
동면에서 깨어난 벌 나비들이
꽃 향기 속으로 훨훨 날개 치고

화신이 다가오는 들녘마다
아지랑이 아롱대니
꽃샘 스치는 곳 봄기운 넘쳐
설레는 가슴 옷깃 여민다

해맑은 소녀 가슴에 스민 화신
심신을 들뜨게 하니

아지랑이 낀 먼 산머리로
발걸음을 재촉하여
젊음의 짙은 향이 풍겨 오는 소리
귀 기울여 보렴

훈풍을 맞는 숲

산골짝 깊숙한 곳
솔바람 달려오는 소리에
설한에 잠겼던 심신이
지기개 편다

꽃샘바람에도 뾰죽뾰죽 내미는
오색영롱한 꽃망울 터짐에
숲 속 요정들이 활개친다

삭풍에 견디던 나무
겨울잠 깨어
지난해 만났던 숲 속 가족
다시 마주친다

삼라만상의 생물들
서로 안아 주고 보듬어 주니
금수강산에 녹타래 일렁인다

구름에 가린 빛

大明天地에
어디선가 몰아닥친 먹구름
온 누리에 밝음을 가린다

그러나 구름 위 우주 공간에는
언제나 밝은 태양이 빛나고
미지의 해맑은 세상이 도사리고 있다

시간의 흐름에 따라
빛 가린 구름은 흘러가고
밝고 아름다운 희망 어린
태양이 얼굴을 내밀고 버티니

인생사에 소망은
언제나 오고 가는 여정을
거칠 수밖에 없는 것이거늘!

여름 소낙비

무더운 여름날
烈日로 대지를 폭염화하니
온갖 식물들 고개 숙인다

어디선가 먹구름이
샛바람 타고 다가와
한바탕 장대비로 세차게
퍼붓고는 오간 데 없이 사라졌다

시원하게 내린 소나기
흥건하게 대지를 적시고
불볕더위 식히고는
뙤약볕이 다시 내리쬔다

식물의 갈증
후련히 풀어 주는 소낙비
폭염에 타 죽는
생명의 활력소여라

외로운 나무

나무는 언제나
한 곳에 우뚝 서 버틴다

그러나, 나무는 고요하고자 하나
바람이 내버려 두지 않고

자식은 효도하고자 하나
부모는 기다려 주지 않으니

목숨 다할 때까지
痛恨만 간직할 뿐이다.

숲 속의 풀피리

싱그런 녹음 품에
푸르름을 걸친 식물
저마다의 맵시로
태양을 떠받친다

숲 속에 어우러진
아카시아, 민들레, 갯버들
풀피리 꺾어 불며
날짐승과 하모니를 이루니

풀피리 부는 해맑은 동심
천진난만한 신비의 음률로
몰아경에 빠져든다

정적한 숲 속 풀피리 소리
솔바람 타고 퍼져 가니
나뭇잎 하늘대며 춤추는구나.

솔향 그윽한 곳에

금강송 울창한 대관령
아흔아홉 굽이마다
빼곡히 들어선
숲길을 걷는다

주름진 굽이마다
솔향 넘쳐나고
옛 임이 넘나든 발자취에
등산객 발길 쉴 새 없구려

겹겹이 둘러쳐진 곳곳에도
포근한 아침 햇살 품에
솔향이 정수리에 오르내리고

동해 수평선에 떠오른
불타는 정기
뭉게구름에 실려
솔향 그윽한 곳에
아낌없이 뿌려 주려무나

먹구름의 소나비

청청하늘에 뭉게구름
두둥실 떠도는
평화로운 우주 공간에

먹구름이 휘몰아쳐서
방전이 일어나고
급기야 천둥과 번개에다
소낙비까지 내리니

먹구름의 징후는
대기의 사소한 변화 따라
흉악스런 먹구름이
우주를 뒤흔든다

먹구름은 돌기 따라
과거와 미래 사이에
무아의 경지가
존재할 수 없으니

흉악무도한 먹구름이
쏟아 붓는 소낙비는
피하는 것이 현명하리라

봄이 오면

매섭던 겨울바람이
포근해지는 계절
내 마음에도 봄이 오면
노랑 빨강 꽃들이 지천으로 필까요

파란 하늘 아래
연한 바람이 불고
연녹색 환희로 가슴이 설렌다

언 땅 언 마음 녹이고
차가운 겨울 단숨에 떨쳐낼
꽃잎 같은 봄으로 녹일 수 있겠지

오솔길도 꽃길도
포근한 정이 보드랍게 쌓인 곳
훈풍에 꽃눈 터지는 소리 요란하다

마음에 푸른 숲 곁들여
꿈 같은 숲길 걸으며
지저귀는 짐승 소리 들을 거야

봄 기지개

한겨울 겹겹이 덮였던
낙엽층 사이로 바삭바삭하는
화신의 발자국 소리 들린다

기지개 펴며 얼굴 내미는
삼라만상의 요물들
다투어 소용돌이쳐
우주 공간이 요란하다

사계가 뚜렷한 이 강토
화신 오는 길목에 선 여인들
꽃샘바람 아랑곳없이
가슴 활짝 기지개 펴니

어디선가 향긋한 향기가
허전한 가슴에 스며들어
맺혔던 응어리를 풀어 준다

고향 산천

산천은 古如今인데
인적은 찾아볼 수 없고
추억의 足跡마저 사라져 갔다

무한으로 솟는 샘물터
한여름 폭염에
갈증을 식혀 주던
淸淨藥水 같은 샘물맛
그 물맛 잊을 수 없네

뒷동산 우거진 푸른 숲
고갯길 두견화는 만발했건만
넘나들던 임 발걸음 멈췄고
두견이 울부짖는 소리뿐이다

어릴 적 뛰놀던 나지막한 들녘
낯익은 친구 소식조차
알 길 없는 공허감에
한숨짓는 눈가에 이슬이 맺힌다

선산 양지바른
낙엽 쌓인 언덕에
양다리 펴고 앉아 보니
北邙山 가는 길목이
바로 이곳이로세

철 따라 되새기는 追想

추억을 잠재우다
순간 찰나마다
떠오르는 追想들

봄이면 솔바람에 실려 오고
여름 뙤약볕에 땀방울 적실 때
가을 단풍에 새겨 물여울에 띄우고
겨울 나그네 따라 정처 없이 떠나보내지만
철마다 아쉬움이 가득한 사연들

그림자도 남김없이 떠난 임
그토록 바라던 계절 지나도
돌아오지 않으니
언제까지 추억만 남겨 놓는가

사철 지날 때마다
추억을 더듬어 보아도
그대 그림자마저도 보이지 않네

노을진 창가에 앉아
너무 멀리 온 세월 생각하면
정수리에는 공허감만 오르내린다

안개도 피어나고
그리움도 피어나고
가슴속에도 피어나는 것이 있다

3부

꽃에 매료되다

꽃이란 | 꽃과 색 | 梅花 | 요염한 능소화 | 해바라기꽃 | 忍冬草 | 相思花 | 해당화 앞에서 | 동강 할미꽃 | 장미의 계절 | 야생화의 외침 | 대추나무의 위상 | 가지의 매력 | 코스모스의 미소 | 꽃의 이미지 | 아름다운 꽃향 | 월하의 향수 | 꽃보다 아름다운 사람

꽃이란

매혹되는 오감에
花中花의 眞味

서정성 예술성, 그리고
철학성을 동시에 내포한
다층적 명시인 꽃

꽃은 동물의 사랑을
읊는 여신이어라

꽃과 색

만물 중 색의 상징인 꽃
경악스럽게도 다양함이
색의 표본이어라

우주 공간에 비친
무지갯빛의 영롱함은
허공에 뜬 색상의 상징으로
오묘한 신비여라

자연 속에 琪花瑤草들
각양각색을 지닌 맵시
저마다 배어난 모습이
순풍에 살랑인다

대지에서 생존경쟁하는 사물들이
서로 다투어 내미는 색상들
서정성과 예술성을 내포한
다양한 색의 명시여라

梅花

순결한 눈꽃을 밀치고
꽃망울을 터뜨리는 매화
옛 선비들은
봄을 기다리며 매화를 그렸다

매화가 만발하는
봄을 맞는 낭만적 환상이
아지랑이 속에 아롱대는구려

매화 향기 속에
잔기침하는 이른 봄
꽃보다 향기로운
따뜻한 사랑의 말 나눔이
봄을 맞는 설렘인 걸

진눈깨비 속에서도
歲寒三友 자세로 터뜨리는
앙증스런 매화꽃 향기가
봄의 들녘을 꽉 메운다

* 歲寒三友: 梅, 松, 竹을 가리킴.

요염한 능소화

천진스런 방년의 꽃다움
그 두려움이 무너지는 듯
심장을 달랜다

경이로운 고운 살결
꽃망울 초롱초롱
길손의 발걸음을 멈추게 하고는

무더위 속에서도
탐스럽게 뽐내는 미모
그 매무새의 아련함을 지닌 채
바람에 뒹구는 아쉬움을 남긴다

고운 꽃불로 적막의 어둠 속에
그리운 임을 향한 염원한 자태로
마음 사르는 그대
요염한 밤의 여인이 아니던가

해바라기꽃

휘영청 밝은 달밤
달님 얼굴 외면한 채
밤이슬을 흠뻑 마시고
여명이 걷힐 때만 기다린다

수평선 너머 해님이 떠오르면
밤새 기다렸다는 듯
햇빛 따라 고개 돌리면서
하루 종일 속삭인다

벌, 나비 날아들어
간지럽히지만 아랑곳없이
해님과 속삭이다가

서산에 황혼이 물들면
아쉬움이 서려 고개 숙인 그
외롭고 가련해 보이지만
내일 또다시 그 님을 맞을 거라네.

忍冬草

엄동설한에도
굳건히 버티는 인내를
지녔기에 忍冬인 걸

자연의 메시지를
두 개의 금은화 향에
듬뿍 담아
인간에게 연결해 준다

반 상록의 덩굴로
서로 뒤엉켜 포옹하면서
따가운 햇살 아래
진한 황금의 향과
망울져 흰색으로 잉태되어
우주의 향을 뱉어내는 금은화여라

한 방에 두 개의 금은화가
정겹게 공생하며
다양한 약효까지 베풀면서
아름답게 生을 마감한다

相思花

아름다운 청초의 푸른 잎 접어
흔적도 없이 사라졌다
어느 날 땅을 박차고
슬픈 눈으로 치솟는구려

잎과 꽃이 한 번도 만나지 못하여
서로 그리워 상사병에 든
슬픈 꽃인지라
이별초, 피안초, 상사화라 일컬으니
그 아픔을 알고 태어난 그
쓰라림을 가슴에 묻고 갈 심정

상사화 피는 계절
그동안 쌓였던 모든 슬픔과
아픔을 온통 쏟아내어
자신의 눈물 어린 꽃살로
세상을 바라본다

자신의 연정과 슬픔을

용트림해 가며 쓰러져 가는
쭈그러진 꽃살
가쁜 호흡을 쉬면서
처참한 모습으로 사라져 간다

해당화 앞에서

내 생애가 한 번 뿐인 듯
나의 사랑도 하나

내 가슴에서 멀어져 가는 애정
폭포처럼 쏟아져 오는
그리움에 목이 멘다

누구도 치유하기 어려운
불치의 병인 양
마음 곳곳에 배인 감정이기에

이 가슴 안에 올올이 뽑은 고운 실로
그대의 비단옷을 짜고
빛나는 얼굴이 눈부시면
고개 숙여 알알이 영근
꽃씨를 바치리

나의 가슴속에 숨은 그대여
드릴 것은 쓰다듬을 뿐이어도

어둠에 숨지 않고
영원히 기억하리다

동강 할미꽃

정선 동강의 물여울
은빛 반사하며
사시장창 굽이굽이 흘러
남한강에 다다른다

병풍처럼 길게 펼쳐진
신비를 감탄하는 기암절벽
석회암 틈에 붙어사는
宿根草의 앙증스러운 자태

식물 생태의 묘미를 지닌
흰색 깃털을 늘어뜨린
할머니 머리 모양인
白頭翁으로 일컫는 신비스러움

酷寒乾暑 조건에도
자주 분홍 흰색의 오묘함에다
할미답지 않게 허리 꼿꼿이 세운 그
관객 시선을 끌어들인다

희귀성을 지닌 우아함
기암절벽 아랑곳없이
꿋꿋하게 버티는
산림문화 유산이어라

장미의 계절

하늘은 고요하고
땅은 향기롭고, 마음은 뜨겁고
요염한 꽃살이
내게 말을 건네는구려

사소한 일로 우울할 적에
밝고 맑아지라고
웃음을 재촉하는 장미

삶의 길목에서
가장 가까운 이들에게
사랑의 이름으로, 가시로 찌른다

누구를 한 번 용서할 때마다
싱싱한 잎사귀 돋아나고
6월의 장미들이 넝쿨에 얽혀
따스한 햇살을 흠뻑 품는구나

사랑하는 이여

요염하고 붉게 물든
장미의 계절
내가 눈물 속에 피워 낸
기쁨 한 송이 받고 행복하라네.

야생화의 외침

산을 찾는 이 늘어남에
높낮은 산야는
인파에 짓밟혀
진통에 시달린다

그뿐 아니라
앙증스런 야생화 만나면
그 맵시 독차지하려
마구 송두리째 뽑는 자태
한심스럽기 짝이 없다

내 곁에 다가온 야생화의 미소
살며시 쓰다듬는 촉감에
수줍은 듯 살랑이는 맛
체험으로 즐겨 보라

대자연 속의 생물들
각기 적응된 환경에서 살아감은
자연의 섭리이거늘

이를 역행함은
자연의 심판으로 응징받으리라

대추나무의 위상

만물이 소생하는 계절
가장 늦게 잎 터뜨리는
게으름 피우는 나무지만

그는 꽃 하나 피면
반드시 열매 맺는
자식 생산의 철저한 그

붉고 윤기 있는 고귀한 과실
관혼상례에 으뜸가는
棗栗柿의 삼색 과실이다

폐백 과실에 대추와 밤
대추는 씨가 있어 아들
밤은 씨가 없으니 딸을 상징하여
신부 내삼치마폭에 던져 주던
다산의 미풍 표징이기도 하며

옛날 조상님들 마당 앞에

대추나무 한 그루 심어
그 열매로 약재 또는 제례에
요긴한 과실로 사용해 온
존귀한 과실나무이다

가지의 매력

폭염을 머리에 이고
녹색 채소밭에 어우러져
자주색 띤 매끄럽고
탐욕스런 맵시여라

주렁주렁 매달린
유난히도 탐욕스런
가지가지 모양새
아낙네들의 가지 따는 손맛
오묘한 촉감에 황홀해지는 걸

보라색 꽃술
그윽한 향기 속에
방년 처녀의 담백한 손맛에다
시골 향 듬뿍 담았으니
총각들의 심신을 설레게 한다

코스모스의 미소

가냘픈 긴 목으로
청하늘 받쳐 이고
꽃잎 둘러앉아 수다 떠는 미소에
지나던 벌 쉬어 간다

찾아온 벌 반기는 코스모스
아양 떨며 귓속말 나누는데
소슬바람이 심술부려 쫓는구나

드높은 하늘 바라보며
지난 추억 그리듯
그 시절에 젖어 있는 꽃잎
해맑은 가을바람에
한들한들 춤을 추네

슬기로운 생애 마감이 염원인데
길가에 늘어서서
추억을 간직한 채
색동옷 단장하고 몸짓한다

꽃의 이미지

피어나지 않은 것은
꽃이 아니라고 하지만
피어나는 것이 꽃만은 아니다

안개도 피어나고
그리움도 피어나고
가슴속에도 피어나는 것이 있다

꽃의 이미지는 상징과 은유로 사용되는
꽃의 형태와 더불어
영롱한 색조에 시선을 머물게 하고

꽃에서 뿜어내는 미묘한 향이
정수리로 오르내리는
신비로운 감성에 매료됨이어라

아름다운 꽃향

자연 속을 누비는
다양한 풀꽃들
미모의 생리를 지녔다

아름다운 미색과 향기는
꽃 피우고 열매 맺는
유일한 필연

움직일 수 없는 몸이기에
서로 달리 매개를 이용하는
효과 수단인 걸

미모에 꽃 향기 풍김은
동식물의 서로 간
먹이사슬의 생태로
종족 번식을 이어 가는
자연의 섭리라네

월하의 향수

휘영청 밝은 달밤
그 님 모습 유난히도 해맑고
은하수 곁에서는
수많은 별들이 춤을 춘다

잔잔한 호수에 뜬 달님
나를 바라보며
무슨 말 할 듯하다
움츠린다

지난날 희로애락한 추억들
그 님의 말 한마디
향수는 부질없는 너울일 뿐
북망길에는 훨훨 벗어던지고
가볍게 가라 하시네

꽃보다 아름다운 사람

꽃은 자신의 독특한
향기를 뿜어내기까지
많은 시련과 고난을 겪고서
비로소 한 송이 꽃을 활짝 피워
아름다움을 과시하는 것처럼

아름다운 사람이 되려면
그만의 독특한 인덕을 갖추어
항상 순화용어를 사용함으로써
상대방이 평가할 때
훌륭한 품격을 갖춘 꽃보다
더 아름다운 사람인 것이어늘

삶의 무게에 지쳐
고통스럽다 할지라도
간간히 미소가 깃든 유머가 있고
마음을 데우는 따뜻한
이야기가 있다면 새롭게
살아볼 만한 가치를 얻을 것이라네

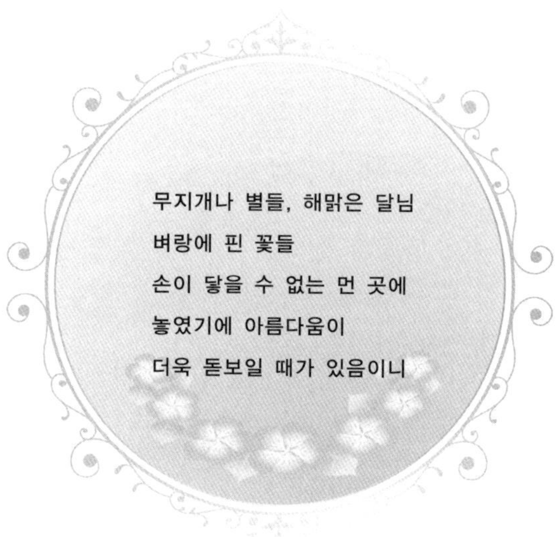
무지개나 별들, 해맑은 달님
벼랑에 핀 꽃들
손이 닿을 수 없는 먼 곳에
놓였기에 아름다움이
더욱 돋보일 때가 있음이니

4부
사회생활 속으로

삶이 무엇이길래

한 조각 구름이 일어났다가
그 구름이 스러짐이 죽음인 걸

세상은 영원한 것 없음이니
잠시 잠깐 다니러 온 것
만남의 기쁨이건 이별의 슬픔이건
다 한순간뿐인 걸

사랑이 아무리 깊어도 산들바람이고
외로움이 지독해도 눈보라일 뿐
지난 뒤엔 고요하듯

인생 삶이 별것인가요
바람처럼 구름처럼
흐르고 불다 보면
잠시 머물다 가는 것뿐이랍니다

生

인간은 出生, 相生
餘生, 死生하니

인생 나이는 세지 말고
삼키는 것이거늘

토해 낼 수도 없으니
조화롭게 소화하며

오색찬란하게
살아가는 지혜뿐이로세.

칭찬에 인색

세상사 남의 칭찬은
자기 집 뒤주 뚜껑보다
인색할 때가 많다

남의 말 잘하는 사회
칭찬하는 말 기대하기란
하늘에 별 따기

그렇지만
지나치지만 않다면
인색할 것이 없거늘

좋은 말 한마디가
의욕을 북돋움이니
과잉 칭찬이 아니라면
주저할 것도 없겠지

사물을 평가할 때

현대 물질문명에서
사물의 가치를 볼 때
돈의 가치로 먼저 평가된다

그러나 사물과 사람의 가치는
물질로 평가할 수 없는 것

길가에 핀 들꽃은
물질적 가치는 사소하겠지만
인간에게 추억과
아름다운 여백을 채워 주는 면에서
그 무엇보다 가치가 있고
값비싼 보석보다 더욱 값진 것

사람의 가치를 돈으로 잴 수 없듯이
우리가 사는 세상의 모든 것
그 가치의 잣대가 다를 수 있음이니

우리가 믿고 있는 사물의 평가는 결코
삶의 기준이 될 수 없다는 것이다

실천하고자 하지만

인생사 자기 마음대로 되지 않는 법
어쩌다 기회가 온다 해도
오직 한 번 뿐인 기회이기에
노력으로 성사시킬 것이거늘

외모만 따지면 현혹될 수 있고
재산에 연연하면
언젠가 사라지기 마련이니
당신을 미소 짓게 할 수 있는 것만이
밝은 날을 만들 수 있다

부주의한 말 잔인한 말은
서로의 불편만 야기할 뿐
시의적절한 말만이
스트레스를 없애 주고
축복을 가져다 줄 것이다

항상 자신을
다른 사람의 입장에 두고

당신이 상처를 받았다면
다른 사람 또한
상처를 받았을 것임을
명심하고 실천할지어다

남을 용서한다는 것

남을 용서한다는 것
왜 못하느냐고 힐난하면서도
자신에게 피해를 주고
상처를 주는 사람에게
쉽게 용서를 못하는 것이
우리들의 자화상인 것을

사람이기에 시기와 질투로
반목이 있겠지만
조그마한 도움이라도
주었던 사람에게
미워하고 곤경에 빠뜨린다면
그것은 이율배반으로
기본적 양심이 없는 사람

성인군자라 해도
물심양면으로 도와 준 사람한테
음해를 당하면 으레
분노하지 않을 수 없는 것이 통념인 걸

말은 쉽지만
행하기 어려운 것이 용서함이니
바로 내 자신을 위해서라도
불현듯 스치는 미움을 용서로
전환시키는 결단이 필요하다

은유시인의 꿈결

당신의 두 눈과 미소로
그대 너무도 강렬함을
알았던 것을

나의 망상 속
신비로운 서정감이
내게로 다가와
놀라게 함이니

기다림에 지쳐
절망에 빠진 마음으로
방황하며 회개하며
우울한 나날을 보낸다

흉금을 터놓고 우리 함께
기나긴 꿈결 속에서
사랑하는 그대를 보리니

당신 없다 해도

내 삶이었던 모든 것은
당신을 닮았네요

광부 애환의 아리랑

태백 광산촌의 광부 생활상
막장광부와 그 가족들
눈물겨운 애환의 외침을
아리랑에 담은 메아리

-'황지 연못 깊은 곳은
낙동강 샘 기본이지만
광산막장 깊은 곳은
먹고 살자는 기본터네'

-'검은 막장 탄더미
칭칭이도 많고
우리 낭군 입은 옷은
줄줄이 땀내만 나네'

-'고향에서 떠나
먹고 살기 위해 일했건만
이제 돈 못 벌고 병들어
고향에도 못 가겠네'

석탄 생성은 2억 년 지나야
생산되는 것이거늘
그들은 이런 지하자원을
캐노라니 애환도 설움도
떨쳐 버려야 하는 신세

이 몸 죽어 탄광막장 아니면
어디든지 묻어 달라는
한 맺힌 외침 소리
탄광막장까지 메아리 울리네

멀어지는 사연

인생이 늙는다는 것은
사랑하는 사람과 떨어지거나
멀리 보내는 것이다

무지개나 별들, 해맑은 달님
벼랑에 핀 꽃들
손이 닿을 수 없는 먼 곳에
놓였기에 아름다움이
더욱 돋보일 때가 있음이니

나이 들어 이별이란
헤어지는 것이 아니라
다만 멀어지는 사연일 뿐인 걸

청춘 시절에
제대로 알 수 없었던 세계가
나이 들면서 펼쳐지니
인생은 영원한 미지수이다

여유

어떤 사안에
덤벙대는 것보다
시야를 넓혀 한 발 뒤로
물러서 보는 여유

바쁜 와중에도
한숨 돌리는 여유에다
느긋하고 묵직함이 필요할 때도

조급하게
얻을 수 있다는 것은
실책이 다반사인 것을

술 마심에

술 권하지 않을 사람에게
권하는 것은 술을 잃어버리는 것
술 권할 사람에게
권하지 않음은 사람을 잃어버리는 것
그런고로 君子는 술 권함에 있어
그 사람됨을 살피는 것

술에는 酒, 色, 友, 學을
君子가 힘써 수행해야 한다
말 안할 사람과 말하는 것은
말을 잃어버리는 것
말할 사람과 말하지 않음은
사람을 잃는 것

술에 취해 평상심을 잃는 자는
신용이 없는 자이고
우는 자는 仁이 없는 자이고
화내는 자는 義롭지 못하고
소란하는 자는 禮義가 없는 자

따지는 자는 智慧가 없는 자이다

그런 까닭에 俗人이 술을 마시면
성품이 드러나고
道人이 술을 마시면
天下가 평화롭다고 하며
술자리에서 음악이란
안주와 같은 뜻이 있고
술 따르는 여자는
그릇의 뜻이라고 여긴다

6월의 진혼곡

조국 헌신에 대한
고귀한 희생으로
산화한 영령 앞에
엄숙히 고개 숙인다

동족상잔의 피비린내 나던 격전지
총포탄의 탄우 속에
정의와 자유를 위해
몸 바쳐 싸우다 산화한 영령들

숭고한 희생과 전승이
용솟음치는 용맹이 없었다면
오늘의 이 강토는
적의 마수에 짓눌렸을 것을

장엄하게 펼쳐진 환희의 조국
통일의 염원이 하루빨리 이뤄지기를
간절한 바람이지만
참으로 안타깝기만 하구나

군인으로서 자신이 맡은 사명을 다한
아버지의 뒤를 이은
어머니의 나머지 인생이
행복되기를 바랄 뿐이다

충무공 영령이 잠 못 이룬다

－2008. 6. 10. 촛불시위를 보면서

밤 깊어가는 세종로 거리
겨레의 영웅 충무공 동상 앞
촛불 狂亂의 떼거리들
님의 심금을 뒤흔들면서
괴이한 짓거리하는 함성들

현대사조가 불러들인
광란의 촛불문화제 시위
荒唐無稽한 반대 발언
왜곡 날조된 선동의 외침들

고사리손에 유모차까지 동원된
촛불 든 시위 군중
沈黙하던 다수의 民意마저
싸잡아 광란하게 하는 자태

애국 호국의 충심으로
순국한 영령들 앞에서
자신들이 광란하는

짓거리는 덮어 놓고
전, 의경만 괴롭히면서
온갖 怪談으로 함성만 드높다

물대포에도 안 꺼지는 촛불
어둠에 깔린 북녘 땅에나
희망의 등불을 밝힐지어다

캄보디아 수상촌에서

바다같이 넓게
사방 수평선만 보이는 호반
혼탁한 호수 위에 세워진
나무와 갈대로 엮은 오두막들

호수 내 형성된 수상촌
단칸집에 온 가족이 기거하며
쪽배로 고기잡이와
수상촌 마트를 이용함이
생활 전부이다

한국에서 지원 설립한 학교
자녀들의 등하교에도
자그마한 쪽배가
유일한 교통수단인 걸

가난과 굶주림을 체험한 한민족
지난 암울했던 쓰라린 가슴
더없이 애잔함이 밀려온다

헐벗은 수상생활 모습에
꽃무지개 뜰 날 예견 없는
참담함을 목격하니
눈시울에 이슬이 맺힌다

산골 초등학교 운동회

희망찬 새싹들의 한마당
몇 명 안 되는 학생이지만
우렁찬 화합의 외침이
두메 골짝에 메아리친다

천진난만한 고사리들
해맑은 눈망울 초롱초롱
티 없는 홍안에 설레는 마음이
솟아 넘친다

하늘 높이 날아라
멀리 멀리 뛰어라
오늘은 우리들 세상
희망의 나라로 외침

부모님과 친인척 함께
운동장 잔디밭에
오순도순 모여 앉아
나누는 점심 정겨워라

하루의 운동회이지만
미래를 향한 꿈
희망찬 등불이 되리라

妓女에 서린 수심

오색영롱한 불빛
호화로운 극치의 장
오색찬란한 색조들이 들썩인다

美酒 잔 앞에
미색의 그림자 띄우고
간드러진 웃음을
타 마시니 만면에 꽃이 핀다

하늘거리는 너울 앞에
상념의 만무방들
愉樂이 무르익을 즈음
요염한 몸짓에 오감이 흥분된다

峻烈한 규율에 버틴 초로인생
독수공방 내려앉는 한숨
애간장 타는 푸념에
수심만 서려 간다

* 만무방: 예의와 염치없는 막된 사람.

碧巢公 출판기념회에 즈음하여

－第2漢詩集 出刊(2009. 3. 14)

산자수려한 文鄕의 古都
장덕골 복사꽃 향기 타고
詩韻의 메아리 울려 퍼진다

晝耕夜讀의 영롱한 장밋빛
晩年에 융단 깔고 결실 맺으니
온 누리에 瑞光이 비치네

山自山 水自水 我自我의
魂을 깃들여 후손에 물려주니
대대손손 이어 갈진대

이제 황혼에 꽃다운 健筆을
五色玲瓏한 무지개에 실어
悠久히 이어 갈지어다

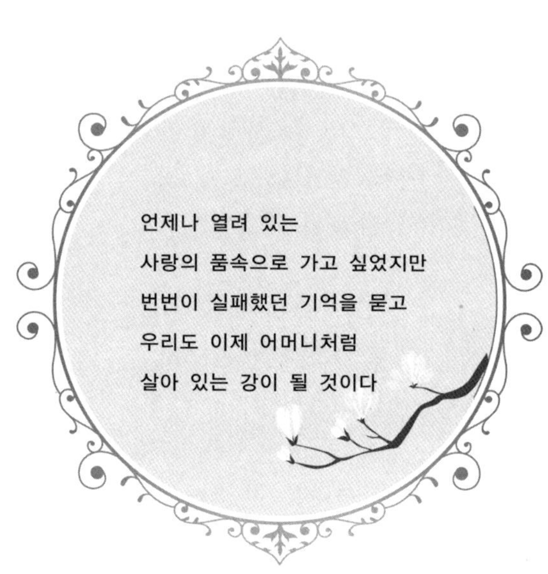
언제나 열려 있는
사랑의 품속으로 가고 싶었지만
번번이 실패했던 기억을 묻고
우리도 이제 어머니처럼
살아 있는 강이 될 것이다

5부
불효의 뉘우침

불효의 恨

인생살이 고달프다는 말
수없이 듣고 살아온 터
이제 골 패여 주름진 육신뿐
餘恨만 크디큰 신세

묵직한 세월에 짓눌려
가는 세월 못 잡고
오는 백발 막을 수 없는 攝理

지난날의 추억을 더듬어 보면
부모가 생각하는 자식 사랑
백수 된들 변하지 않는
끈끈한 緣이 존재함이어라

부모에게 효도하려 하나
이를 받아 주실 겨를 없이
머나먼 곳으로 떠나시니
痛恨만 남아 있는 불효자의 심정뿐
눈가에 이슬만 맺힌다

부모님

한 부모 열 자식 보살펴도
열 자식은 한 부모 못 모시는 세상

아들딸 애지중지 키웠어도
그 은공 아는 자식 몇 없고
부모가 오래 살아 계신 것도
배우자 눈치 보는 세상 되었으니

일상에 이것저것 다 버려도
하나인 부모님은 못 버리는 법

비록 몸이 늙어
든든한 바람막이는 못 되나
가슴 도려내는
깊은 상념은 도사리고 있다

思慕曲

심산유곡 비탈진 산자락
푸른 잔디 유택에
영원한 안식처로 모셨구려

생전 불효의 되새김
공직을 천직인 양 얽매여
부모님의 아쉼거리
나 몰라라 하였으니
오늘도 불효자의 눈언저리에
이슬이 맺힌다

살아생전 당신께
변변한 나들이옷 한 벌 못해 드리고
여행 한 번 못 모시고는
이제 삼베옷만 걸치시고
북망산천으로 모셨네

구름 건너 은하 건너 바람 타고
한 해 한두 번 뵙는

그 멀고 먼 길
다시 못 모실 곳인 줄 알게 되니
훗날 이 몸 역시
너울 걸치고 피안에서 만나
한 맺힌 사죄 올리리다

아버지의 내심

아버지란, 먹칠한 유리창 같아서
깨어져도 속은 잘 보이지 않는다

아버지는 자식을 결혼시킬 때
속으론 한없이 울지만
얼굴엔 웃음만 지을 뿐

아버지란, 늙어서 돌아가신 뒤
두고두고 그 말씀 생각나는
보고 싶은 분이어라

아버지는 겉으로는
무관한 것처럼 보이지만
결코 무관심한 것이 아니라
체면과 자존심, 미안한 감을
잘 나타내지 않기 때문일 뿐

어머니의 가슴이 봄과 여름이라면
아버지의 가슴은 가을과 겨울의 품

아버지는 뒷동산 바위와 같고
시골 마을의 느티나무와 같은
큰 이름이다, 아버지….

어머니

어머니는 어디에 계시든
사랑이 넘쳐흘러
우리에겐 고향의 강 이루는
푸른 어머니

기쁨보다 근심이 서리어
어머니의 언덕에는
하얗게 머리 푼 억새처럼
흔들리는 슬픔이 일렁이고

삶이 고단하고 괴로울 때
눈물 속에서 불러 보는
가장 따뜻한 이름, 어머니…

언제나 열려 있는
사랑의 품속으로 가고 싶었지만
번번이 실패했던 기억을 묻고
우리도 이제 어머니처럼
살아 있는 강이 될 것이다.

영원한 빈자리

지금도 사랑의 향기 깃든 빈자리
아직도 추억의 향이
사라지지 않는다

다른 사람이
앉아 있어도 그 자리는
언제나 빈자리일 뿐

사랑의 향기 깃든 빈자리
아무리 세월이 흘러도
영원한 빈자리이다

蒼天의 哭

부모 품을 떨쳐 나간 자식
天方地軸 날뛰니
부모 가슴에 수심만 쌓인다

아둔한 자식
부모 앞에 섰을 때
안색만 보아도
不言可想이다

낳은 정 기른 정 외면한 채
현실 불만족에
불평과 원망으로 일관

철들어 자식 낳고
처자식 함께할 때
지난날 相思不忘한 것이
불효였음을 깨달으니

彼岸으로 떠나신 부모

살아 계실 때 못다 했음을
悠悠蒼天 바라보며
呼哭한들 무엇하랴

인생의 노을

인생에는 어김없이 찾아드는
영롱한 마지막 노을을
품을 수 있는 여유로운 사람으로

자연의 연면에서 벗어나
타들어 가는 석양의 꼬리를 잡고
이별의 노래를 불러 보고 싶다

향기롭게 맞이한 마지막 길에
나름의 색채로 고이고이
숨 쉬는 곳에 진정한 미소로
두 눈을 감을 수 있는 여유

회한의 눈물이 아닌
끈끈한 삶의 눈시울을
붉힐 수 있는 그런 사람이기를

진정한 노을빛 어우러져
한 덩어리로 조화롭게

쉬일 수 있는 여유로운
인생의 노을이 되고 싶다

한순간의 思惟

고요 속에 적막이 흐를 때
세파에 부딪히는
時代思潮들이 뇌파를 두드린다

幻想 속에 떠오르는
영롱한 美辭麗句의 思惟가
뇌리에 잠입해
환희에 빠질 때쯤

순간 찰나일 뿐
세파의 검은 그림자
휘몰아 덮치는 순간
妄想이 다가와 빗장을 지른다

인생은 흐르는 물

인생은 살다 보면
수많은 갈피들이 있으니
한순간 접히는 그 갈피 사이를
세월이라 부른다

이따금 추억의 갈피들이
연주하는 음악을 들으면서
마음도 아리고
눈가에 이슬도 맺힌다

계절의 갈피에서 꽃이 피고 지듯
인생의 갈피에서도
즐거움과 괴로움, 후회와 반성
가난과 베풂, 행복과 불행의 깨달음

이렇듯 희로애락이
교차되는 흐르는 물 같다.

기다림

우연인지 필연인지
서로의 만남인데
어느 날 불현듯 떠나 버린 님

꽃 필 때 떠난 님
꽃 지면 오려나
휘영청 밝은 달님 쳐다보며
가슴 죄는 기다림인 걸

사립짝 밖 정자나무 밑에서
앉았다 일어섰다 서성이며
앞산 언덕 고갯길만 바라본다

세한삭풍에 함박눈 내리지만
고갯마루 오솔길엔
오늘도 날짐승 발자국뿐일세

마음가짐과 행동

마음이 선하고 인자한 사람은
그 행실로 진미를 즐기게 되고
마음이 비뚤어진 사람은
그 행실로 쓴맛을 되씹게 된다

모든 행동의 기본은
몸가짐에서 나타나는 것

무릇 행동이
공손하고 자연스러우면
생각이 깊은 듯 보이고
말을 안정되게 하면
상대 마음을 편하게 하니

그래서 사람은 모름지기
중용의 길을 걸어야 하고
인간의 위대한 종말은
지식이 아니라
마음가짐과 행동이라 하네

후회

세상살이 속세에 묻혀
세월을 담금질하면서
온갖 시련을 체험하다 보면

인간 본연의 심정을 떠나
무의식중 겉과 속이 다르게
위선으로 돌이킬 수 없는
후회만 남는다

지난 세월
체험에서 터득한 지혜로
반성과 성찰하면서
잘 익은 열매만 따고 싶어

삶의 소박한 진실을 조명하며
스스로 투명해지고 싶을 때
후회 않는 삶으로 살고파진다

남기고 간 흔적

우주 공간으로 이동하는
구름과 바람
그곳에는 흔적이 없지만

잔잔한 호수에
돌을 던지면 파문이 일고
창해에서 태풍을 만나면
노도에 휘감기고

나뭇가지에 앉은 새가
날아가면 가지의 흔들림을 남기고
인간이 지나간 곳에도
흔적을 남기게 된다

자연 속에서 요동침은
그 남긴 흔적에 따라
추억의 그림자가 스며든다

한로의 계절

길가에 뒤엉켜진 풀잎
새벽녘에 살며시 내린 이슬

눈을 감아도, 떠도 숨 막히던 더위
처량하게 울어대던 매미 소리 따라
가을이 묻어 왔다

아침이면 창문을 닫아야 하는
신선한 바람과 함께
상큼하게 높아진 하늘 따라
묻어 온 가을이라면

눈빛으로 마주하는 마음
읽어 낼 이 계절에
된장찌개 먹어도
다정한 사람과 함께할
풍요로운 가을이면 좋겠다.

풍요로운 중추가절

'더도 말고 덜도 말고
한가위만 같아라' 했듯이
풍요로운 마음으로
가족과 함께 즐기는
민족의 큰 명절

정겨운 얼굴이 기다리는
고향 길의 행렬
감격에 부푼 설렘
초롱초롱한 눈망울 가득한
고사리손 잡고
행복과 즐거움이 가득한
정겨운 삶의 보금자리로
모이는 가족들

휘영청 해맑은 달님
수평선 떠오를 때 두 손 모아
행운을 갈망하는 소원
달님의 미소를 간절히 바라네

홀대받는 노인들

급변하는 사회의 변화
전통적인 가치관이 붕괴를 몰고 와
준비 없는 노인들
가족 밖으로 밀려난다

부모는 열 자식 모두
짐이 아니지만
자식들에겐 부모가 짐이라 하니
언제부터 홀대받는 노인시대 되었는가

그 옛날 가족제도와 효도사상
오늘날 사라진 현실에
너무 멀리 와 있다

부모 노후 보장하던 시절
자식농사 담소하던 풍조 사라져
경제적 독립할 수만 있다면
냉정하게 덧정 끊어야 된다니

행복한 노후의 소망
독립함이 시작이고 늙을수록
가정 이룬 자식에게 연연 말고
관심 갖는 것은 사랑이 아니라
의지심 표현일 뿐이라 하더이다

사랑도 미움도 괴롭다

밉다고 소중한 생명에
괴롭히지 말 것이며
좋다고 너무 집착하려
애쓰지 말진대

사랑하는 사람에게는
사랑과 그리움이 생기고
미워하는 사람에게는
증오와 원망이 생기나니

늙는 괴로움은
젊음을 좋아함에 있고
가난의 아픔은
부유함을 선호함에 있으니
이렇듯 모든 괴로움은
분별에 기인한 것이거늘

좋고 싫은 것은
괴로움을 부르고

인연과 집착에는
드리고 떨칠 줄만 안다면
무소불능처럼 마음은
고요한 평화에 이른다

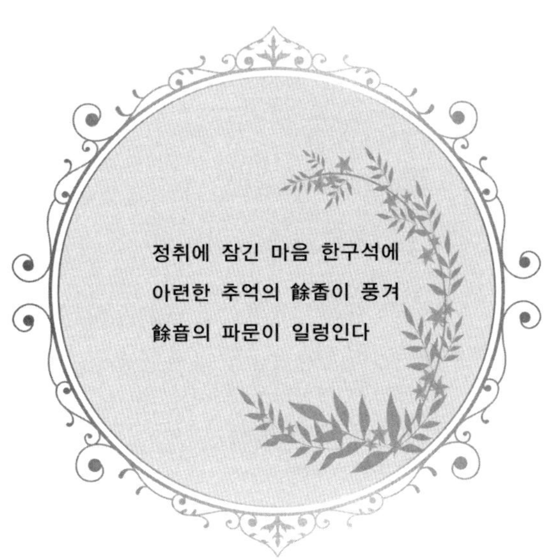
정취에 잠긴 마음 한구석에
아련한 추억의 餘香이 풍겨
餘音의 파문이 일렁인다

6부
삶의 보금자리로

솔직한 사랑의 미소 | 사랑의 향 | 여인의 상처 | 끈질긴 인내 | 부부간의 표현 | 행복을 찾는 길 | 이 세상에 비출 촛불 | 말의 향기 | 헝클어진 실타래 | 筆鋒 | 평화로운 희망을 | 아름다운 참사랑 | 인생 삶이 고달프다 | 되새겨 보는 그리움 | 가을 남자 | 가을밤 창가에 | 가을 따라 떠난 그 | 茶의 문화

솔직한 사랑의 미소

순수한 마음 잔잔한 느낌으로
생각이 맑은 사람의 미소

수줍음이 가득한 꽃봉오리
미세한 떨림으로
향기를 감싸듯 온화하고
해맑은 미소가
사랑으로 감싼답니다

풀잎에 맺힌 한 방울 이슬
땅속으로 스며 강으로 흐르듯
살포시 웃는 부드러운 미소
가슴에 머물다 정이 되니

사랑이 샘솟는 사람만이
가질 수 있는
꽃보다 아름다운 미소가
솔직한 사랑의 미소랍니다

사랑의 향

싱그러운 녹음 속
라벤다, 로즈마리의 허브 향
라일락의 은은한 향기에
심신이 동요된다

향긋한 미소 한 모금에
솟구치는 정감이
정수리에 오르내리고

녹음방초 우거진 숲길
설레는 마음 가누며
한동안 말없이 걸으니

정취에 잠긴 마음 한구석에
아련한 추억의 餘香이 풍겨
餘音의 파문이 일렁인다

여인의 상처

멀어져 가는 여자보다
더 불쌍한 것은
슬픔을 간직한 채
버려진 여인이라 하겠지만

안쓰럽고 병든 여인이
더 가엾고
안타까움이 가득한
불쌍한 여인이다

잠시 그리움을 접고
삶에 지쳐 잊혀진 한순간
어쩌면 현실적인 애증에
망각했을 뿐

오장육부에 스며들어
눈물로도 씻을 수 없는
깊은 비련의 상처
영원히 잊혀지지 않는다

끈질긴 인내

인생은 항상 실망과 좌절
그리고, 실패의 연속에서
살아날 수 없을 만큼
불행함도 겪는다

달은 한 달에 한 번 일그러져도
본질은 남아 있고
버드나무는 백 번 꺾여도
새 가지가 돋아나듯
끈질긴 인내가 필요하다

글을 읽을 때마다
새로운 용기가 솟고
해맑은 정성심에 올곧은 자존심이
가슴을 꽉 채워 준다

희망과 실망이 반복된다 해도
좌절함이 없이
용기 있는 도전으로 극복한다면
삶은 아름다워진다

부부간의 표현

'잘했어'를 못 들은 아내
'미안해'를 못하는 남편
부부간의 소통이 중요한 걸

고마워도 고맙다고
미안해도 미안하다는 말
표현하지 않는 이들의 속내
마치 암호와 같다

고마워, 미안해, 잘했어라는 말
잘하지 못하는 무뚝뚝함에
기인된 듯싶구나

부부가 서로 주고받는 말
사람이 나빠서가 아니라
표현이 미숙하고 서툴기 때문

여태껏 안 하고도 살았는데
뭘 그런 것이라고 생각하기보다

이제라도 해봐야지 하는
긍정적 마음가짐이 필요한 걸.

행복을 찾는 길

인생 삶을 누리면서
불필요한 것에서
얼마나 자유로워져
있는가에 달렸다

인간을 제한하는
소유물에 사로잡히면
소유의 비좁은 골방에 갇혀서
심신의 눈이 열리지 않으니

작은 것과 적은 것에서
만족할 줄 알아야
그것이 청빈의 덕인 것을

내 몫으로 많이 가지려 하기보다
모두 하나 되어 더불어 살아가는
은은한 향내를
품어내고 싶어 한다

바쁜 인생길에도
행복을 찾는 오묘한 비결은
내 안에 있는 것이다

이 세상에 비출 촛불

세월 속에 서성대며
땀 흘리며 몸부림쳐도
땀 속에는 눈물만 가득 차 있다

한 많은 어두운 긴 터널을 지나
절망을 딛고 희망을 향해
돌멩이를 던지며
고통을 이기려 뛰었고

좌절과 허무를 쫓으려
맨발로 자갈밭을 걸어 봤지만
희망의 불빛은 비추지 아니한다

그러나 어느 날
희망의 빛이 문틈으로 스미면서
슬픔은 기쁨의 다른 모습으로
좌절은 새 희망의 용기로
방황은 설렘의 행복으로
서서히 내 곁으로 다가오니

이제 사랑과 용서로서
지난날 모습에서 새 행복을
이 세상 어느 곳에도
훤히 비출 촛불로 밝힐 것이다

말의 향기

인생이 태어나 죽을 때까지
평생 오백 만 마디의 말
하다 보면 다양한 말 하게 됨이니

같은 말이라도 갈고 다듬으면
보석처럼 빛이 나는 예술이 되고
가려서 말하면 히트곡이 된다

누구에게나 선한 말로
기분 좋게 말하면
그 파장이 주위를 편하게 하고

말에는 맛과 향이 내포된
감칠맛 나는 말이 있으니
향기를 가미하면
천하도 얻을 수 있는 법칙이 있거늘

말에는 지우개는 없고
씨만 있을 뿐이니

명쾌한 씨를 뿌릴 때
그곳에 음색을 만들면
명곡으로 들린다

헝클어진 실타래

세상만사의 행로가
물길 따라 순리대로
흐르는 법, 물리적으로
역류할 수 없는 것이거늘

인간의 힘으로 역류함은
온갖 불행을 유발하고
더 더욱 지나치면
실타래처럼 헝클어진다

꼬인 실타래 풀기 어려우니
성급함 없이 끈질긴 인내로
꾸준하게 한 올씩 풀어야지

풀린 올은
정갈하게 쓰다듬어
헝클림 없는 세련된
실타래로 이어 갈지어다.

筆鋒

붓걸이에 물구나무선 그
긴장을 살짝 풀고
고른 中筆 쥐어 잡고
묵즙을 고루 물고는

필봉을 곧게 세운 뒤
긋고 밀어낸 筆力
티 없는 예리한 선이
書紙에 침묵을 깬다

먹피로 고루 묻혀
모음 자음 바르게 엮으니
궁체가 뽑아낸 筆體
그대처럼 정갈하다

평화로운 희망을

평화로운 거리엔
가로수가 울창하게
푸르고 자라지만

어느 한 곳에서는
쓸쓸한 마음 담긴
낙엽이 떨어진다

평화의 향기 심은 가로수도
푸르른 녹타래 아래에서
공허함이 스며드는 마음 한 곳에

평화롭다는 말보다
쓸쓸함이 도사린 것을
떨쳐 버리고
더 행복을 누리는
평화로운 희망을 품으리라

아름다운 참사랑

사랑이 없는 사람은
욕심이나 비굴함이 있을지언정
남을 위한 배려를 갖추기 어렵다

자신의 가는 길을 알고
자신의 운명 한계를 느끼며
분별력을 가지고
사랑을 수련한 덕목의 베풂이다

참사랑이란 참으로 마음 넉넉하게
자신을 볼 줄 아는
자아의식을 가진
사람의 마음속에 있다

인생 삶이 고달프다

어제는 무엇을 버렸을까
오늘은 또
무엇을 채워 볼까
어찌할지 고민만 남는다

인생 살아감은
버릴 것 채울 것 구별하여
속마음 비우고 너그럽게
생각하는 마음가짐이다

조석으로 변하는 것은
모두가 숨 헐떡이는 욕심 때문
이제 다시 돌아간다 해도
너무 멀리 와서 돌이킬 수 없다

허울 좋고 가식 섞인 탐욕
끈질긴 애착 억지로 채우려면
무거운 인생의 삶뿐이다

고달픈 인생 삶
성격의 씨앗을 뿌려 놓아
운명의 열매만 맺힐 뿐
숨 떨어지기 전 면치 못하리라

되새겨 보는 그리움

순간순간 떠오르는 기억들
인생 다 살아 버린 사람처럼
더 이상 보이지 않는 미래
목숨 걸고 싶지 않는 그리움

슬퍼도 행복한 몸짓으로
깊은 절망에도
작은 웃음 짓게 했던
슬픈 그리움

지난 어린 시절
천진난만하게 마냥 신나서
앞뒤 생각 없이 즐겁기만 했던
생활 속의 유쾌한 그리움

수많은 기억들 속에
내가 살아 숨 쉬고 있으니까
유독 내 가슴
따뜻하게 했던 그리움

그 소중한 그리움 몇 가지

어느 한순간 느낌 가득한 행복이
차오르는 눈부심에
차마 눈뜰 수 없는 그리움
그 아름다운 그리움을 되새겨 본다

가을 남자

어느 후미진 선술집에서
단풍 곱게 물든 가을 햇살

산기슭에 흘렸던
장미의 눈물을 기억하며
마음의 지도를 꺼내 놓고
추억을 더듬어 가지만

가냘픈 신음 소리만
귓가에 맴돌 뿐
회상할수록 장미의 모습은
흐릿하게 멀어져 간다

혼자 술 마시는 가을 남자
그래서 더 쓸쓸하다니
가을이면 가을 남자의
앓는 병이라네

가을밤 창가에

고요한 밤
옷깃을 여미는 싸늘한 바람
창틈으로 스며들고

서산에 기우는 달님
별들마저 떠나가는 모습이
창문에 비치고
낙엽은 한 잎 두 잎 떨어져
어디론지 날아가고 있다

색동 너울 걸친 나무
감싸 주던 너울을
훨훨 떨쳐 버리고
쓸쓸히 삭풍을 맞을 즈음

낙엽처럼 가 버린
그리움 담긴 추억
다시 올 날 기약 없으니
눈가에 이슬만 맺히는구려

가을 따라 떠난 그

만산홍엽으로 뒤덮인 산야
언제까지 불태울지
마음 졸일 즈음
홍엽은 휘날린다

삶의 소박한 진실을 보며
투명해지고 싶을 때
낙엽은 말없이 이그러지고

깊어 가는 가을밤
겨울을 재촉하듯
귀뚜라미 목청 높여 울어대니
흔들리는 갈대처럼
사나이 마음 서글퍼진다

오색영롱했던 홍엽
수많은 그리움은 일엽편주에 실려
여울 타고 떠나 버리니
생명의 유한함에 허공만 바라본다

茶의 문화

고대 삼국 말엽
도입된 茶種의 역사
신라 선덕여왕조에 거슬러
차의 파워로 止와 觀을 꼽는
어느 문학인의 辯

탐욕, 오만, 분노의 시기
질투, 복수심을 멈추게
한다는 것이 止요

밝고 맑은 지혜로서
세상을 깊이, 멀리, 높게
뚫어보게 하는 觀이 있다는
문학적 가설

오늘날 茶 한잔이 주는
여유와 안정도 함께
되찾을 수 없음이니
인간의 정서가 녹아내리는
茶文化로 이어 가리라.

松谷 沈敦燮

강릉시 출생, 대구대학교 사회개발대학원 수료, 월간 ᄒᆞᆫ맥문학 등단 (시인/수필가), 산림청 및 국유림관리소장(역임), 자연휴양림 숲 해설가(역임), ᄒᆞᆫ맥문학가협회 부회장(역임), ᄒᆞᆫ슬라문학회 회장(역임),
현재 (사) 한국문인협회 한국문학사편찬위원, 한국산림문학회 이사,
(사) 강원한국수필가협회 자문위원

수상: 녹조근정훈장 수훈, ᄒᆞᆫ맥문학가협회 문학상 수상,
강원한국수필문학상 수상

저서: 제1시집 「청산에 푸른 벗」, 제2시집 「나무 외길인생 소나무」,
제3시집 「숨쉬는 산」, 제4시집 「신록에 숨쉬는 소리」,
제5시집 「솔숲에 핀 노을」

E-mail: dsshim35@hanmail.net

H·P: 011-203-2245

솔숲에 핀 노을

초판 1쇄 인쇄 | 2011년 8월 20일
초판 1쇄 발행 | 2011년 9월 2일

지은이 | 심 돈 섭
발행인 | 윤 영 희
편집인 | 오 용 수
주 간 | 이 은 별

발행처 | 도서출판 동행
출판등록 | 제2-4991호
주 소 | 서울시 중구 을지로 3가 302-18 난빌딩 303호
전 화 | 02-338-2734, 2285-0711
팩 스 | 02-338-2722

정가 10,000원

ISBN 978-89-94227-28-3 03810